Mathilda und der Profi

Christopherus von Kleinus

ISBN-13: 979-8-8572-9432-1

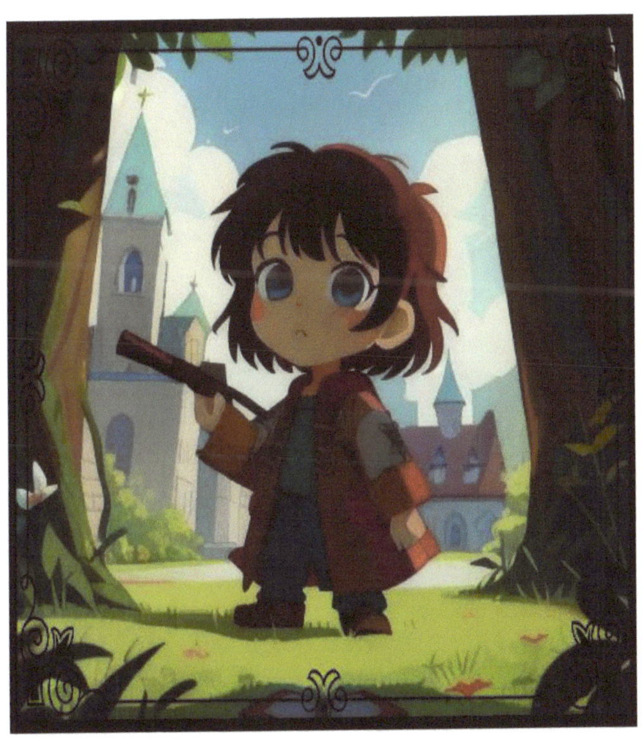

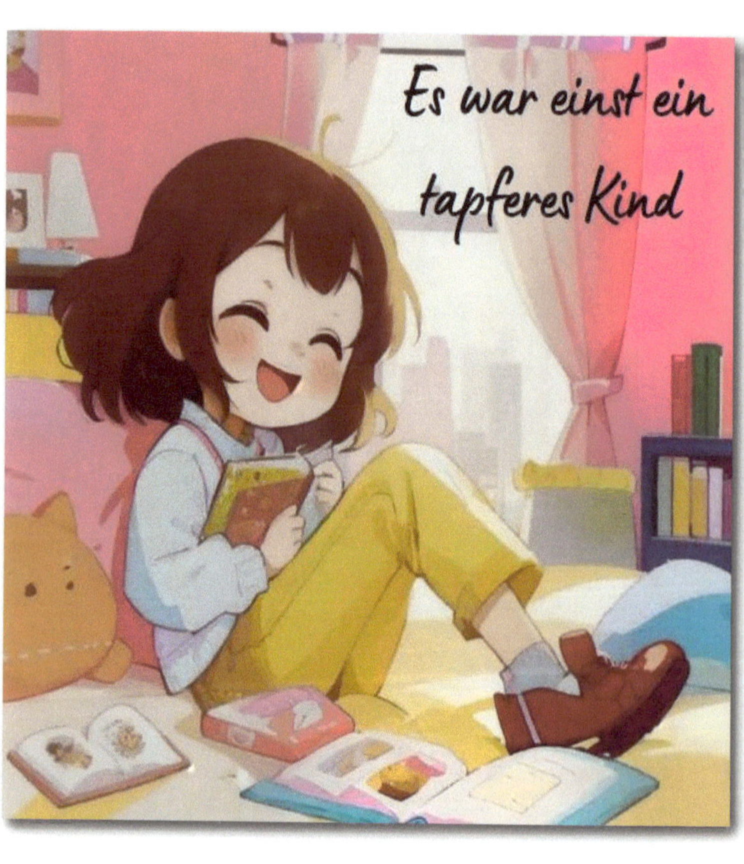

Es war einst ein
tapferes Kind

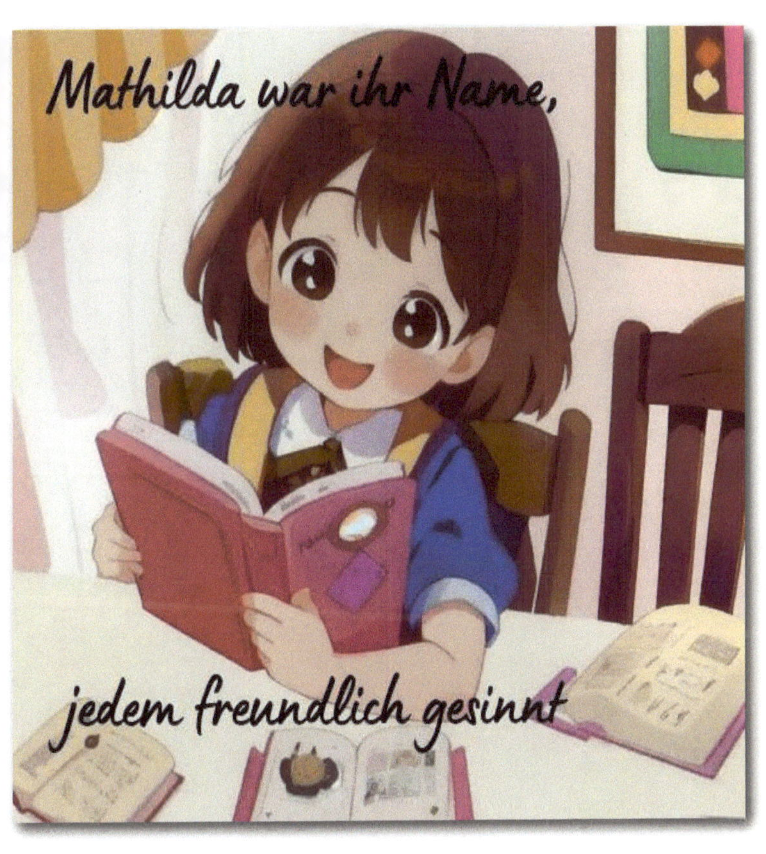
Mathilda war ihr Name,
jedem freundlich gesinnt

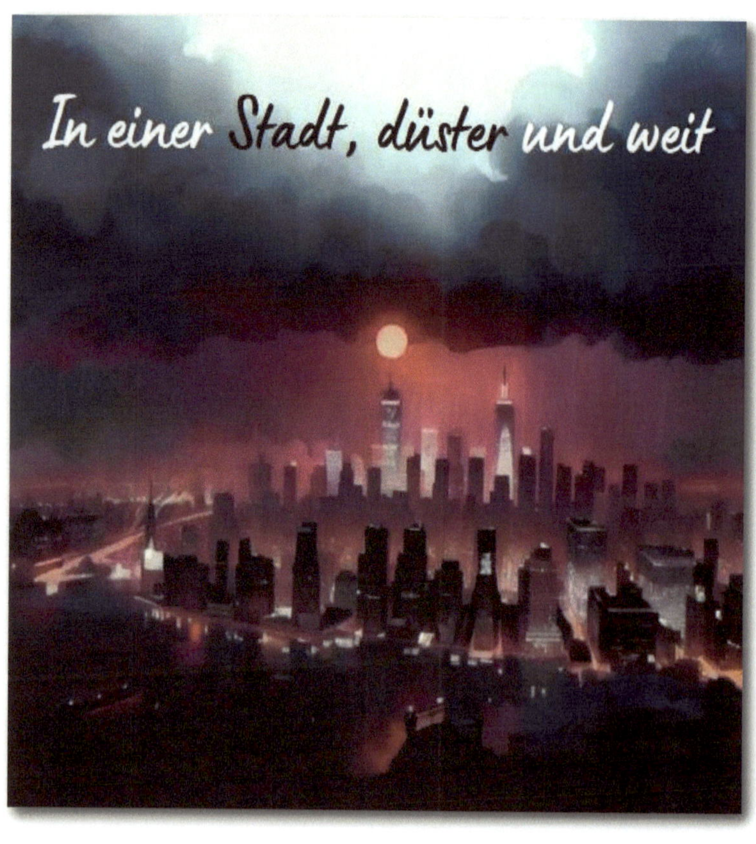
In einer Stadt, düster und weit

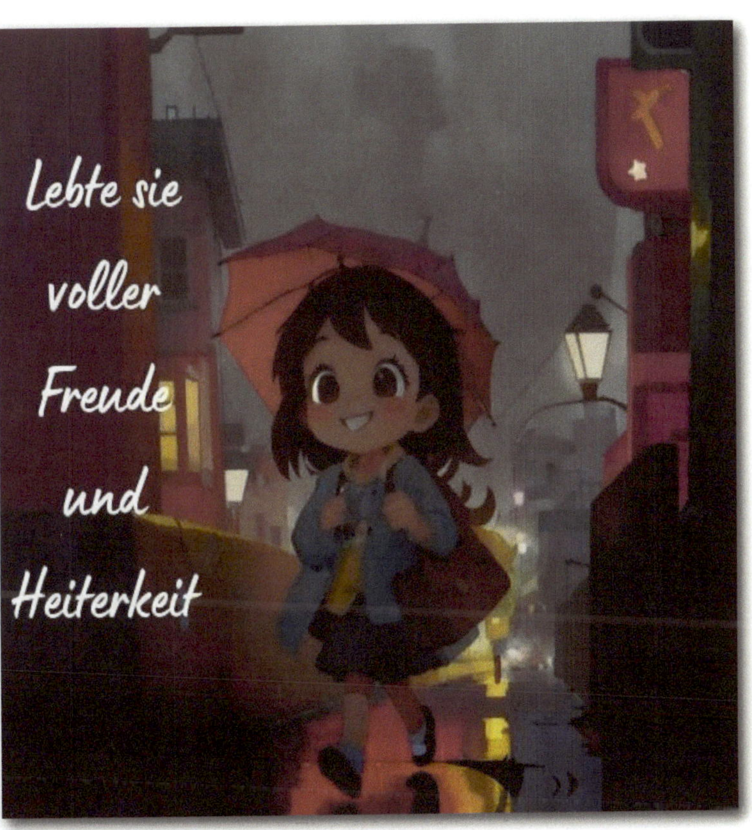

Lebte sie
voller
Freude
und
Heiterkeit

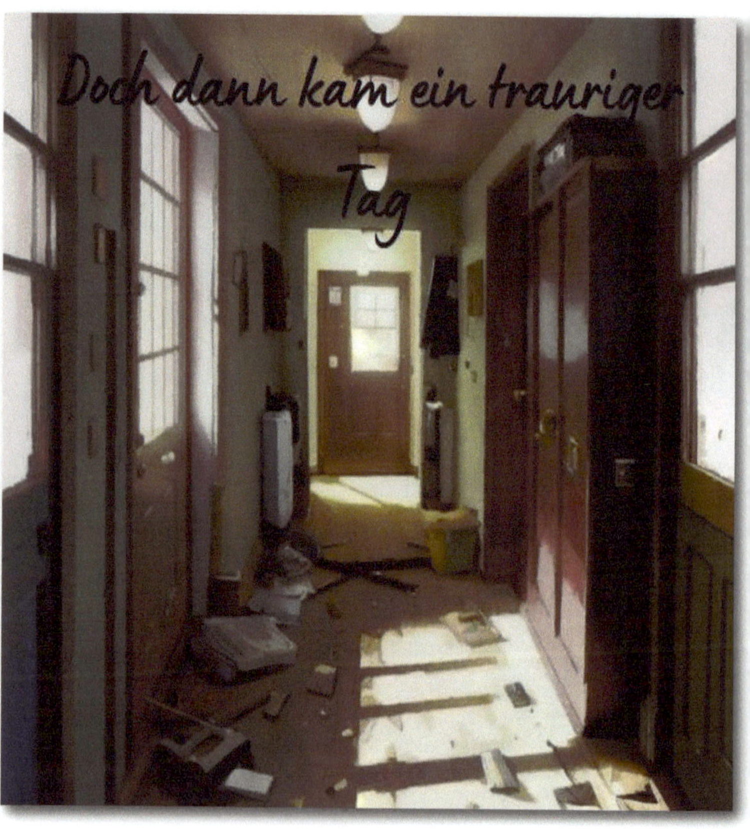
Doch dann kam ein trauriger Tag

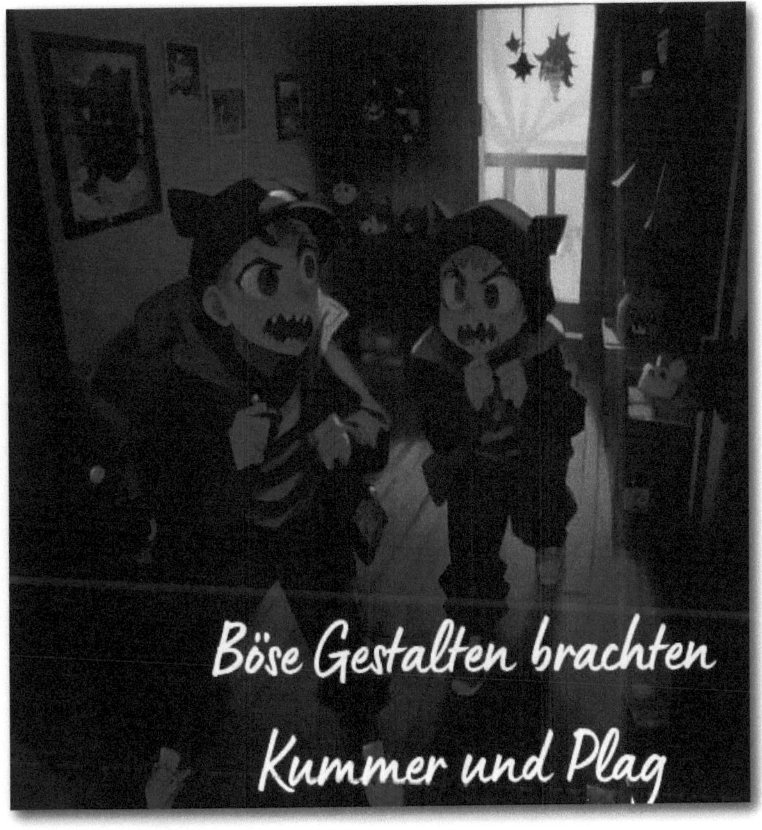
Böse Gestalten brachten
Kummer und Plag

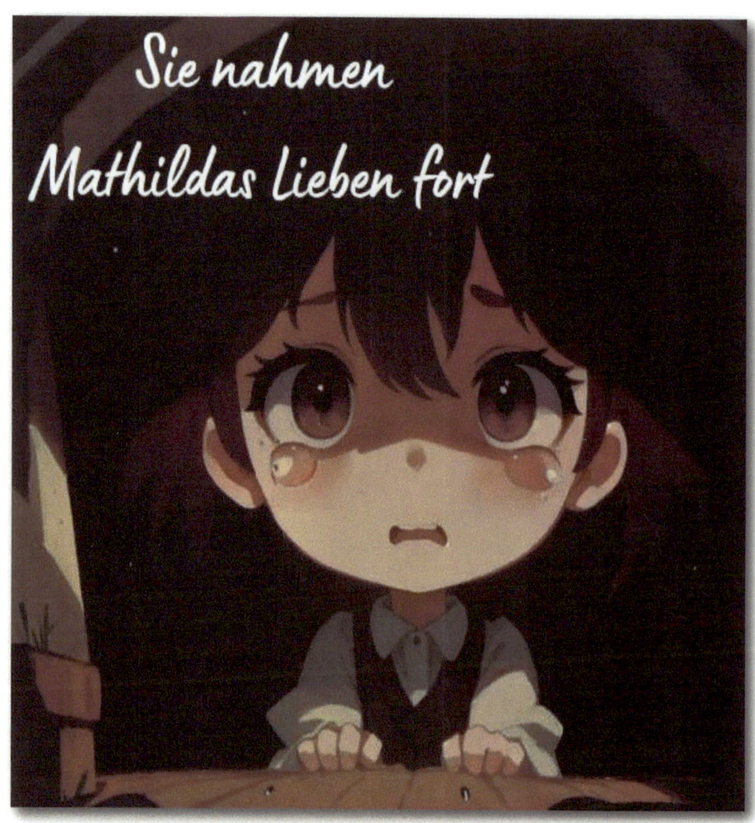

Sie nahmen
Mathildas Lieben fort

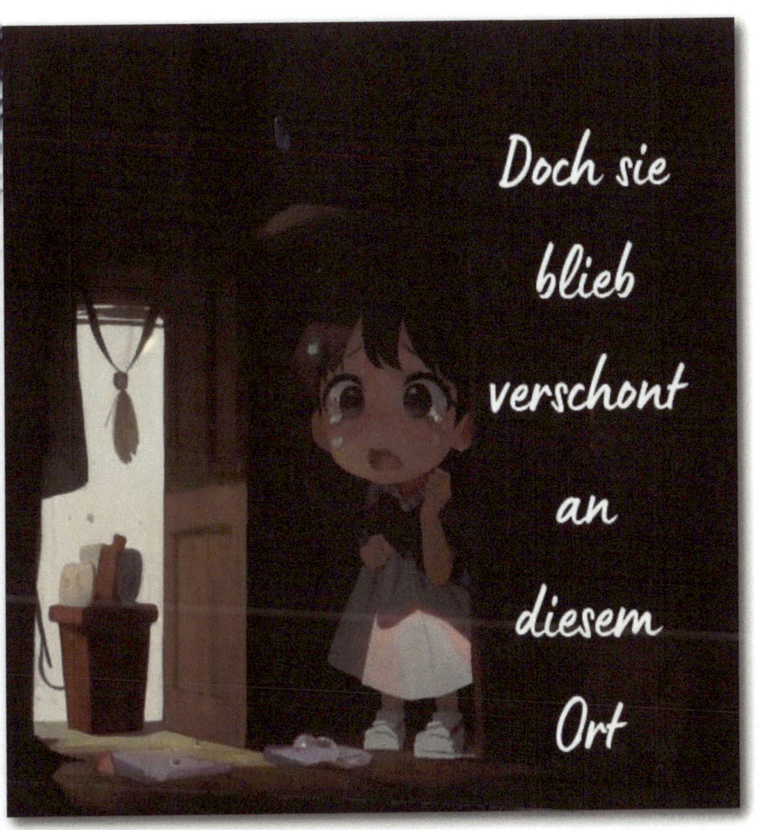

Doch sie blieb
verschont
an diesem
Ort

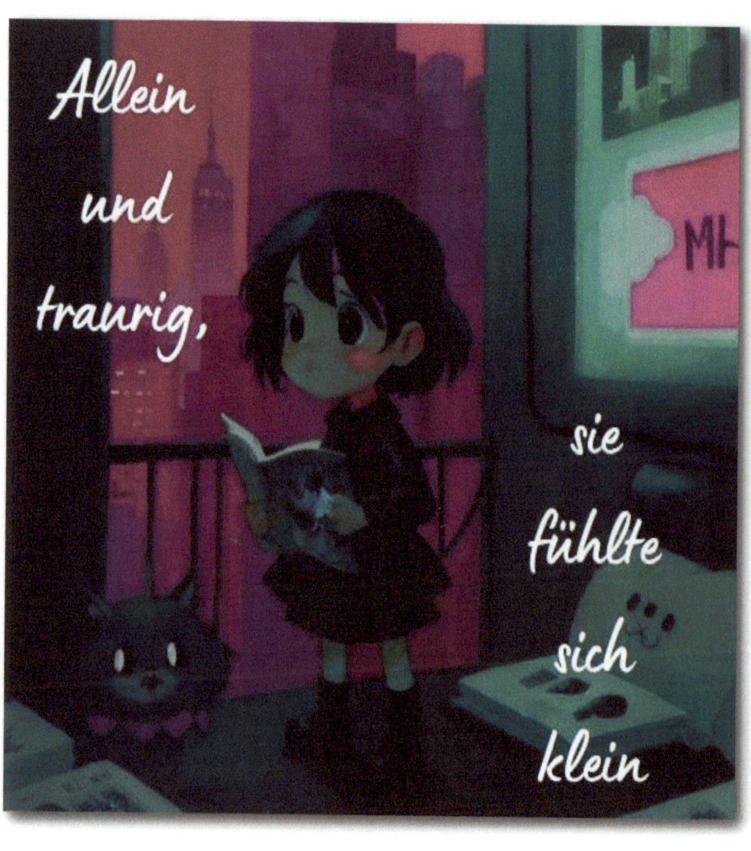

Allein
und
traurig,
sie
fühlte
sich
klein

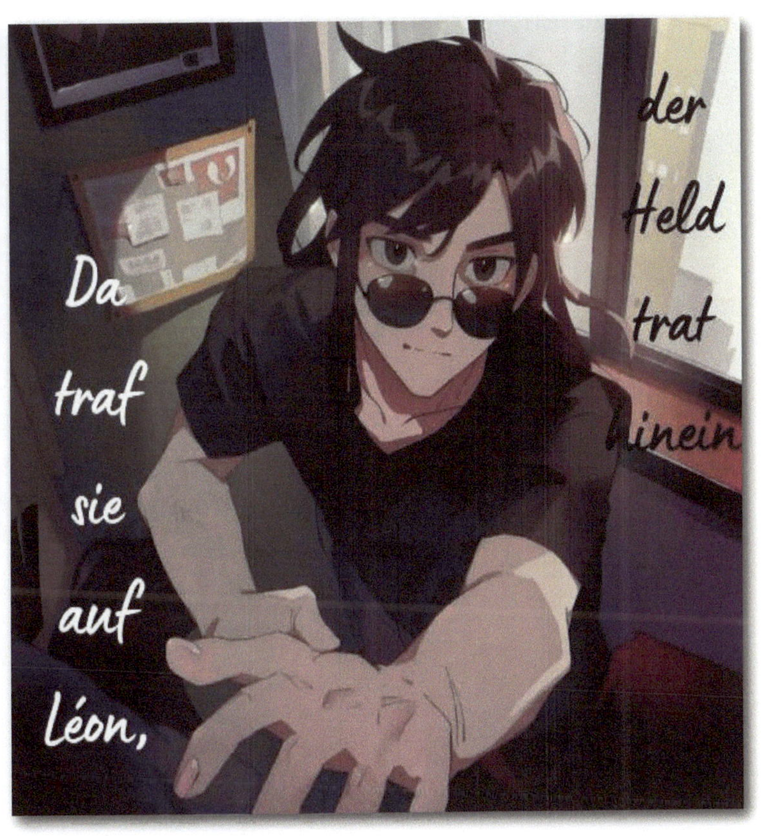

Da traf sie auf Léon,
der Held trat hinein

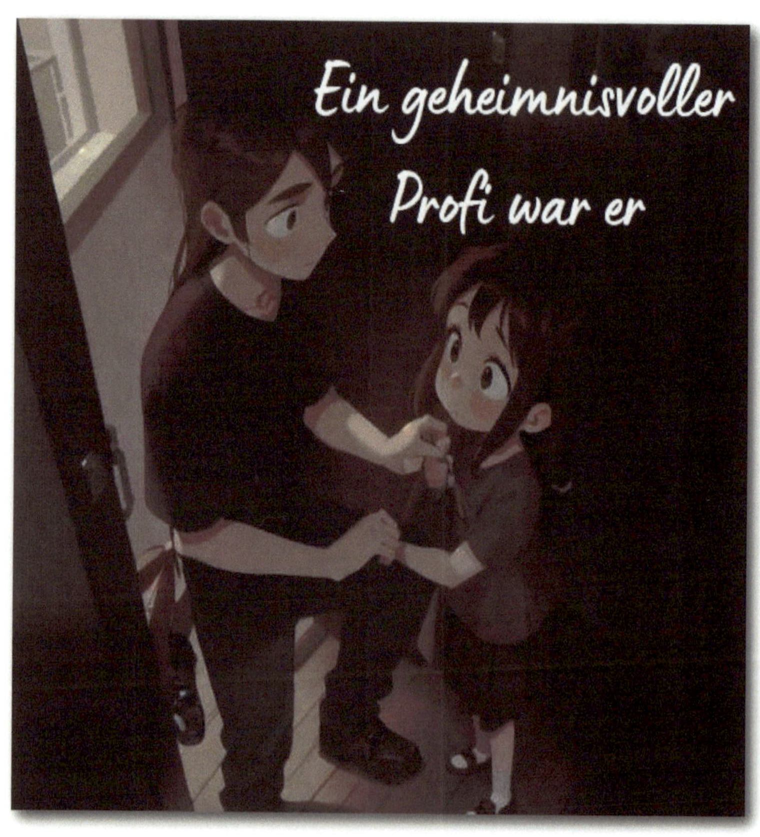
Ein geheimnisvoller
Profi war er

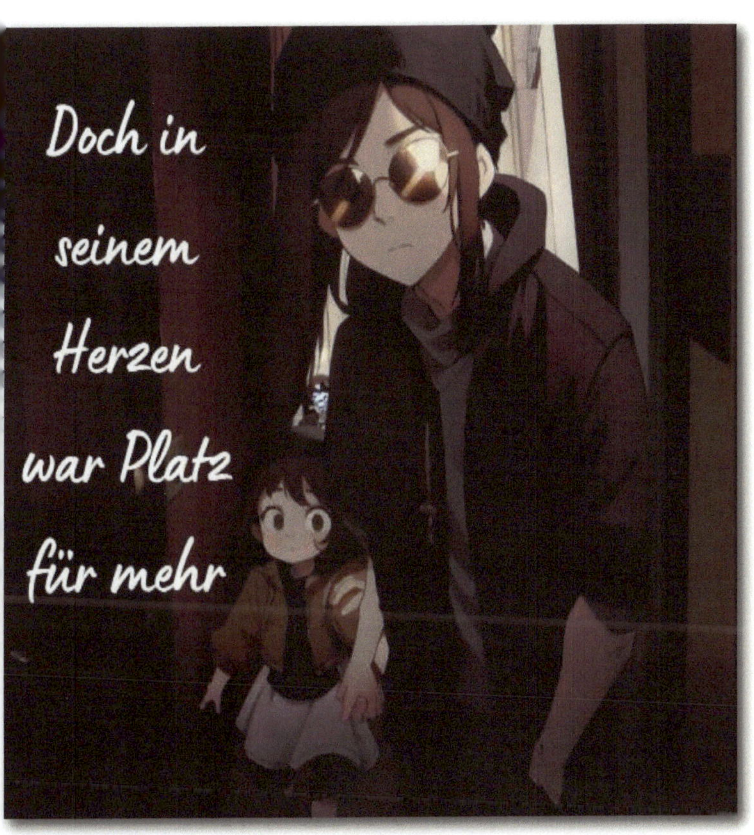

Doch in
seinem
Herzen
war Platz
für mehr

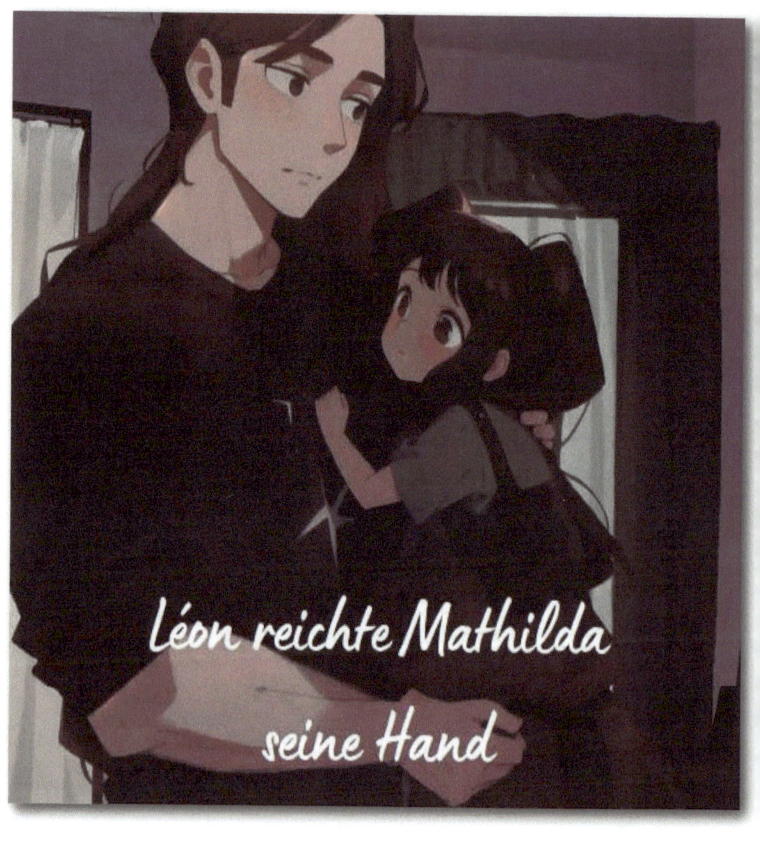

Léon reichte Mathilda
seine Hand

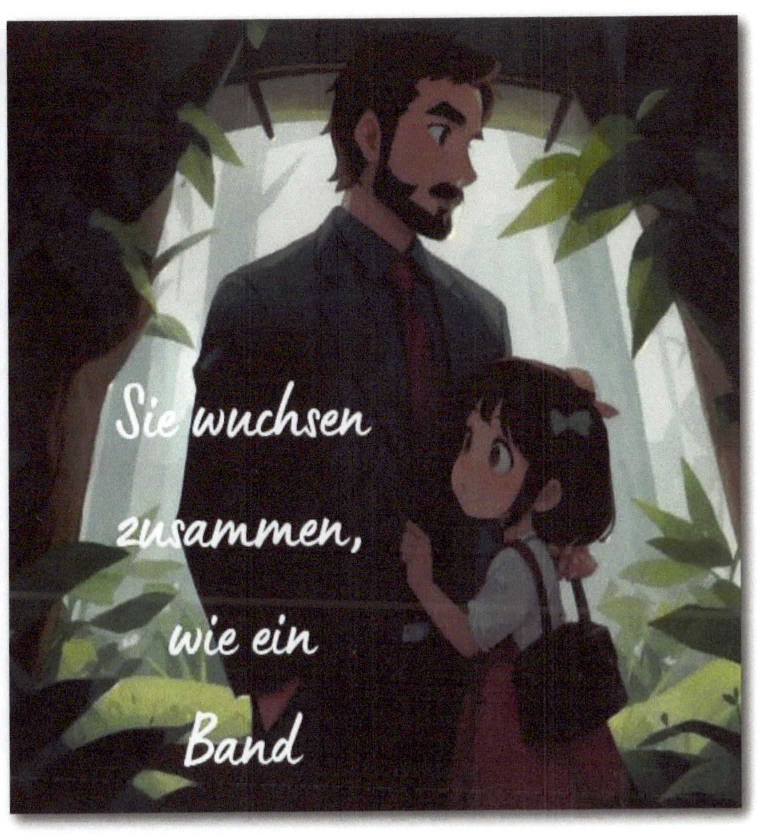

Sie wuchsen
zusammen,
wie ein
Band

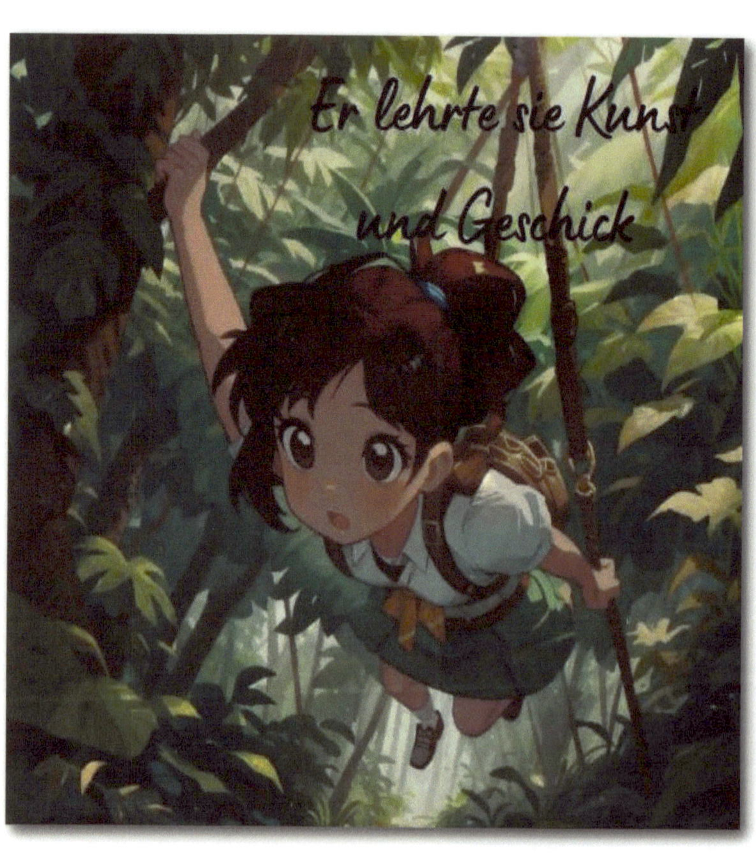

Er lehrte sie Kunst
und Geschick

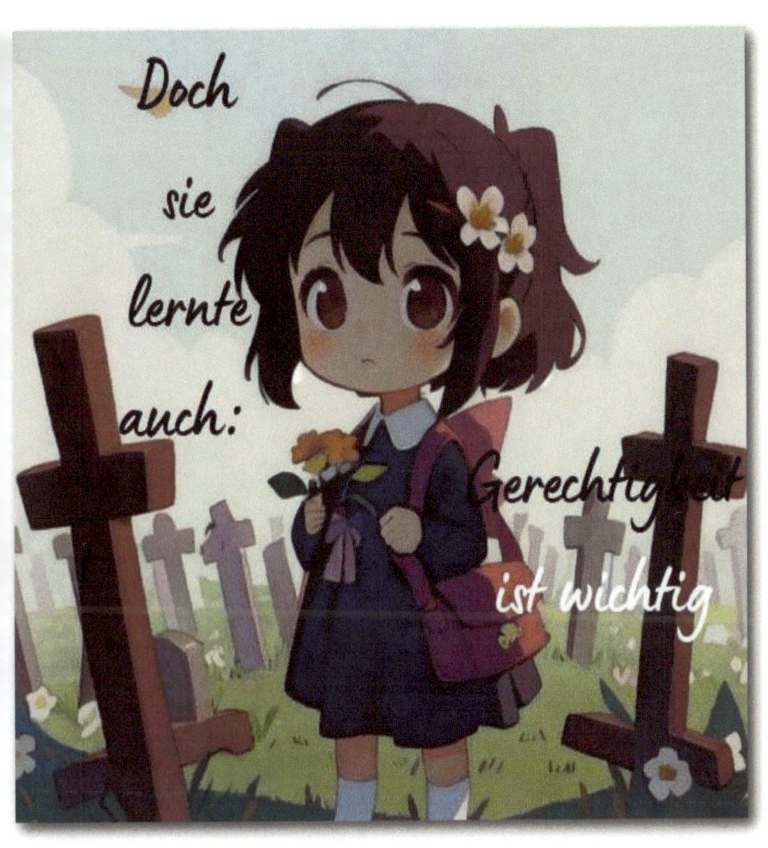
Doch
sie
lernte
auch:
Gerechtigkeit
ist wichtig

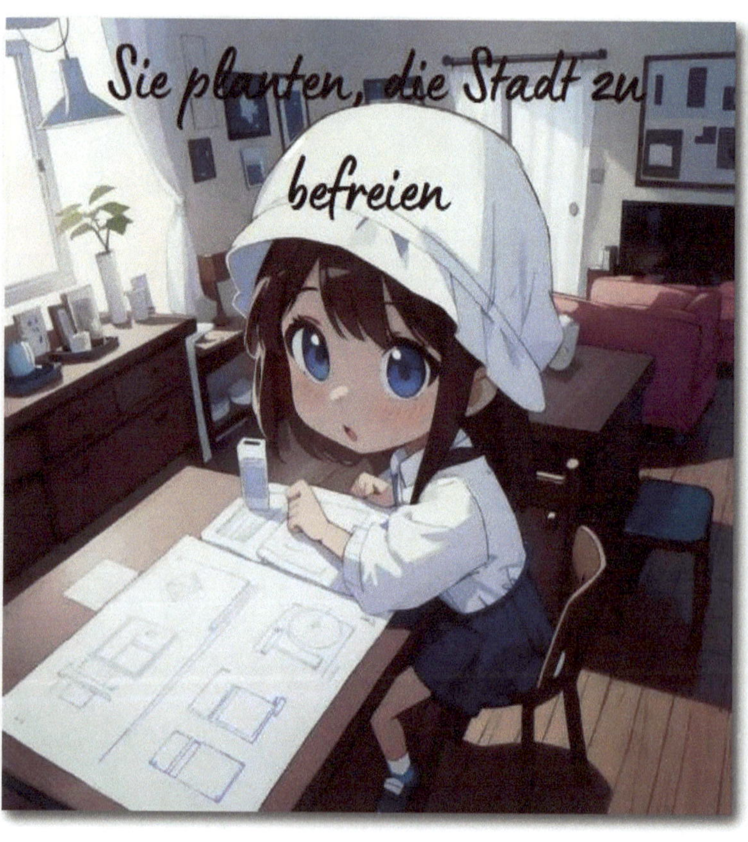

Sie planten, die Stadt zu
befreien

Von den
Schurken,
die nur
Unheil
streuen

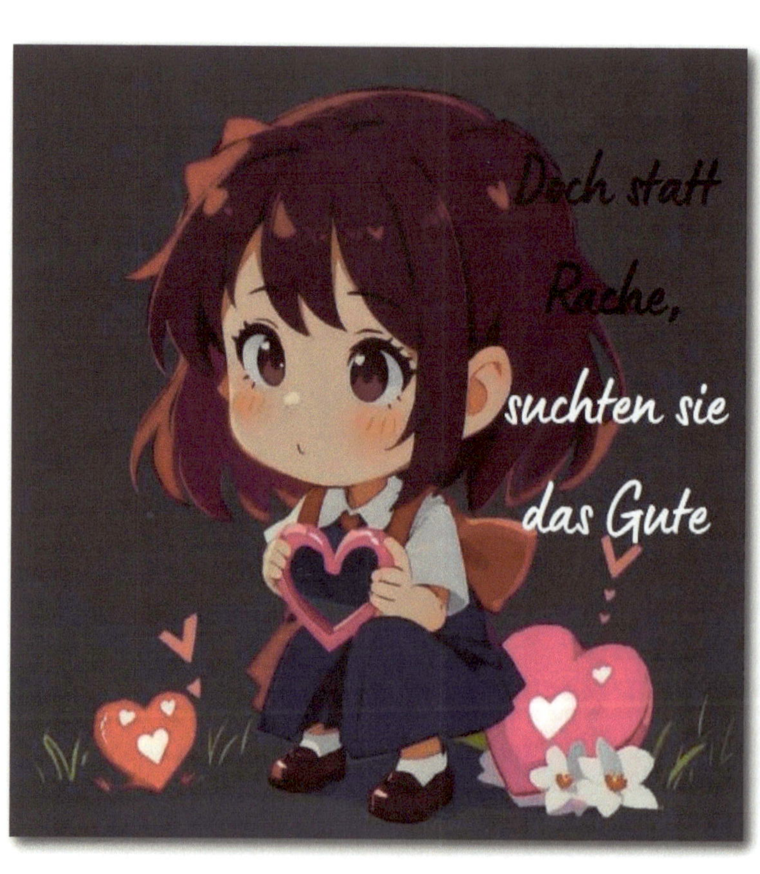

Doch statt Rache,
suchten sie
das Gute

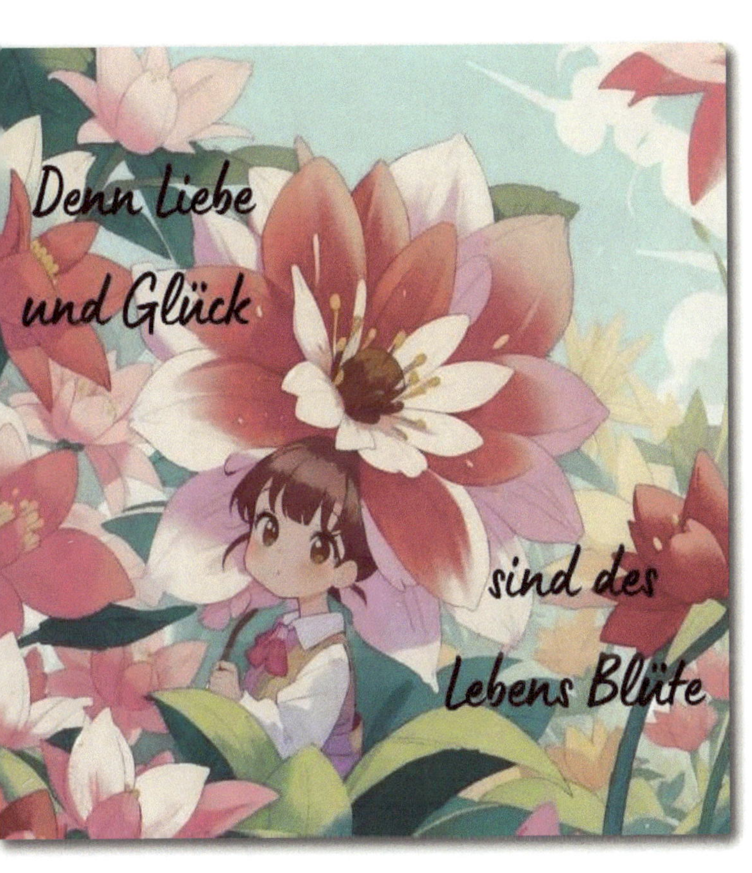

Denn Liebe
und Glück
sind des
Lebens Blüte

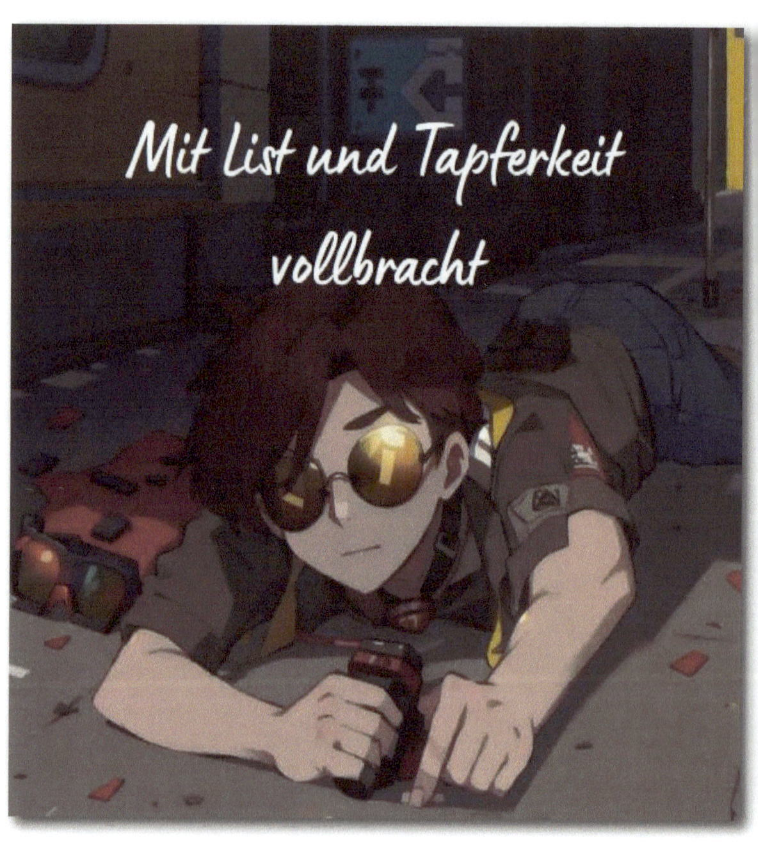

Mit List und Tapferkeit
vollbracht

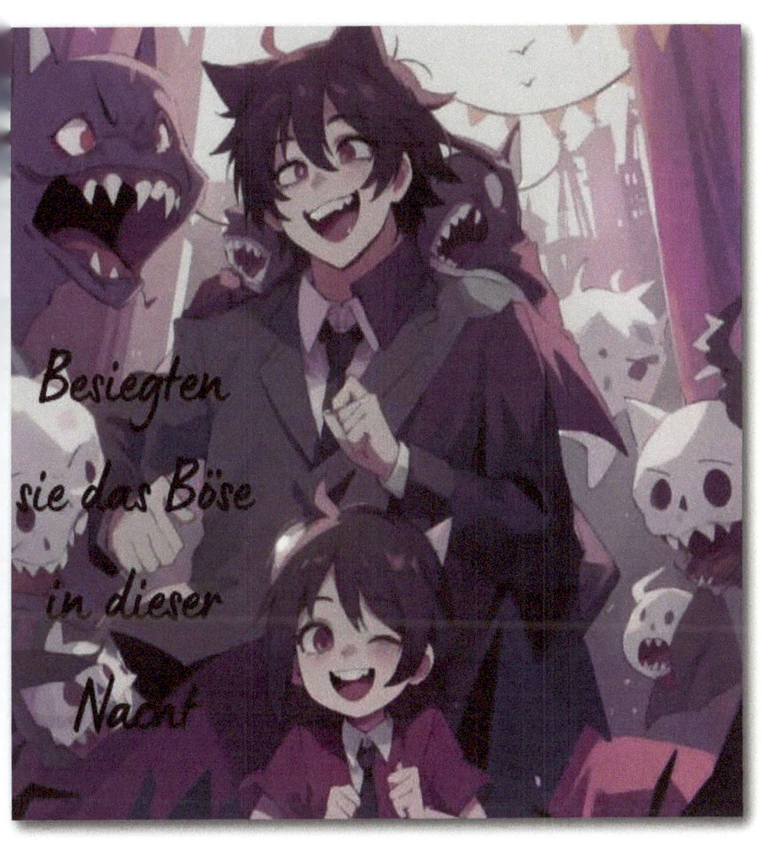
Besiegten
sie das Böse
in dieser
Nacht

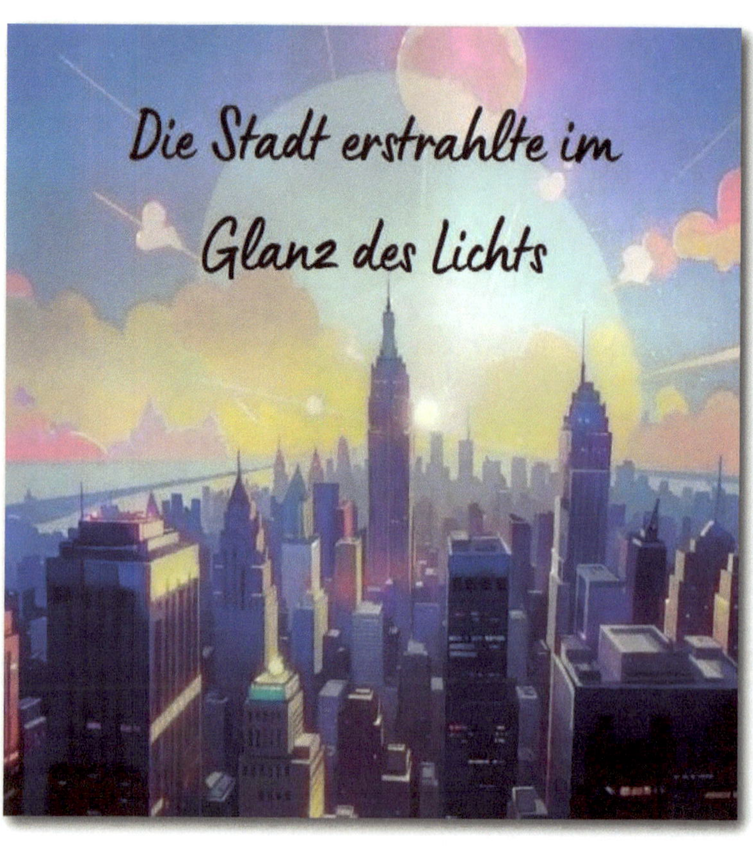

Die Stadt erstrahlte im
Glanz des Lichts

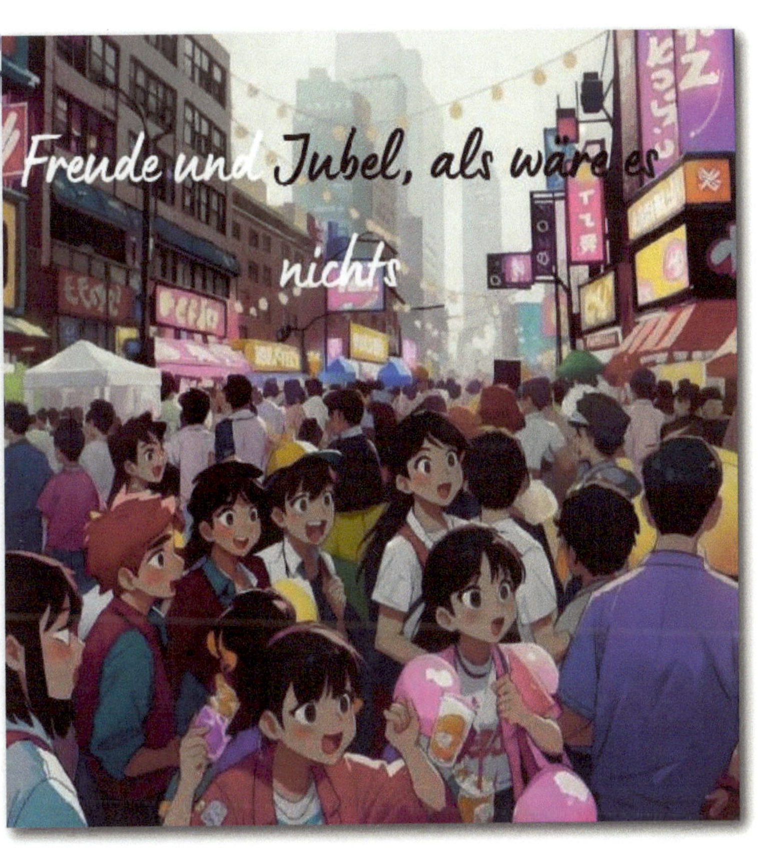
Freude und Jubel, als wäre es
nichts

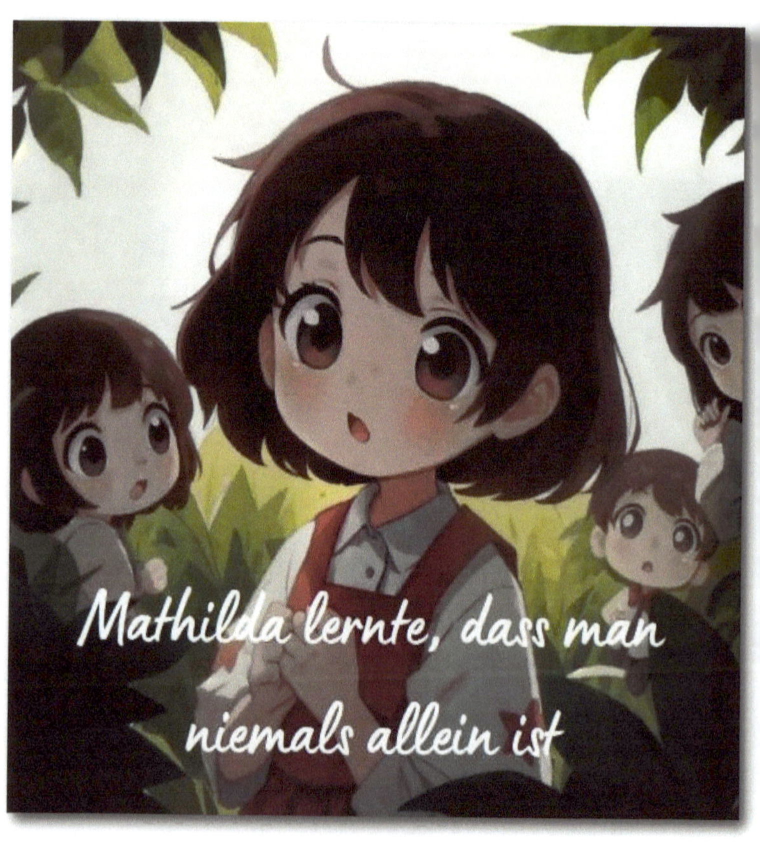

Mathilda lernte, dass man
niemals allein ist

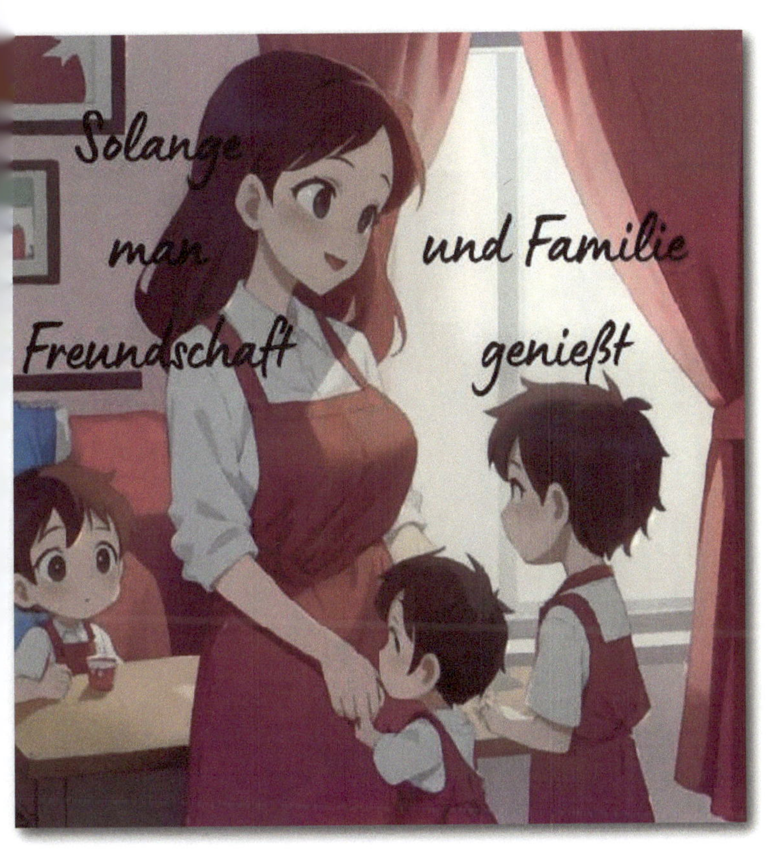
Solange
man
Freundschaft
und Familie
genießt

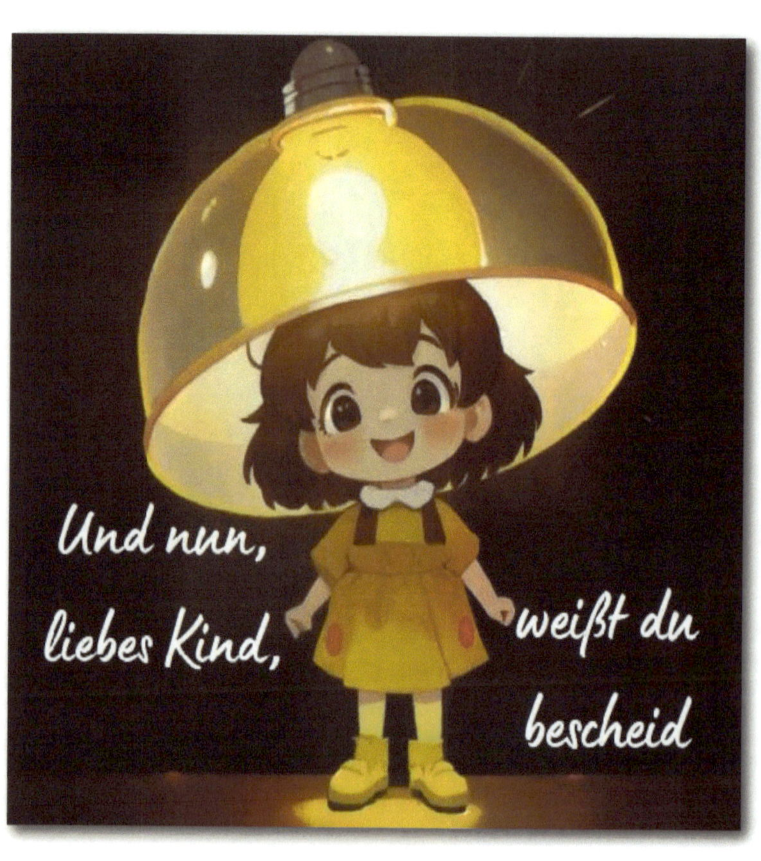

Und nun, liebes Kind,
weißt du bescheid

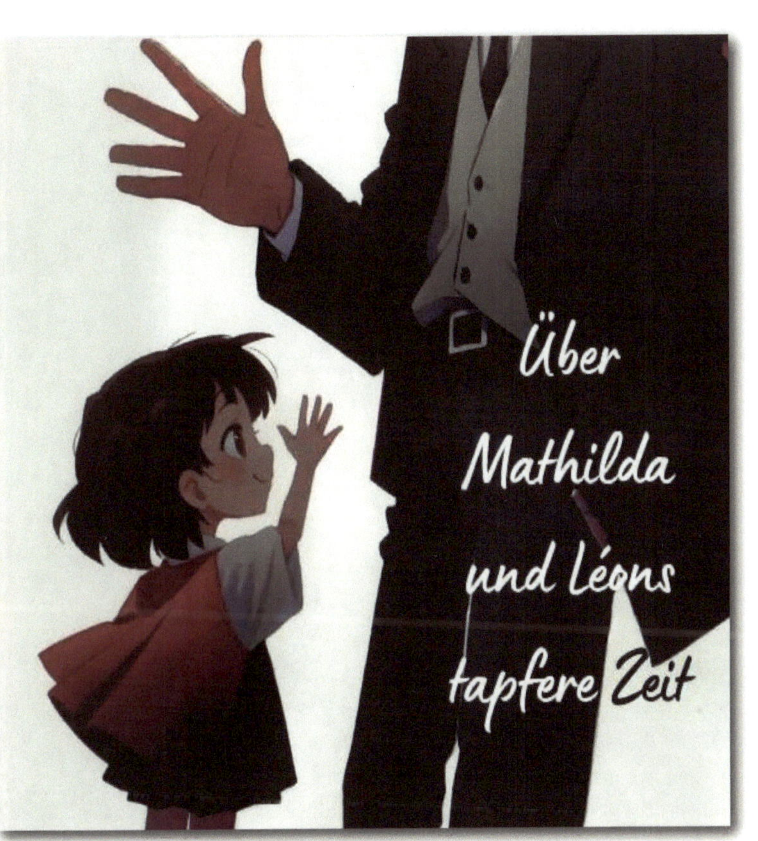

Über
Mathilda
und Léons
tapfere Zeit

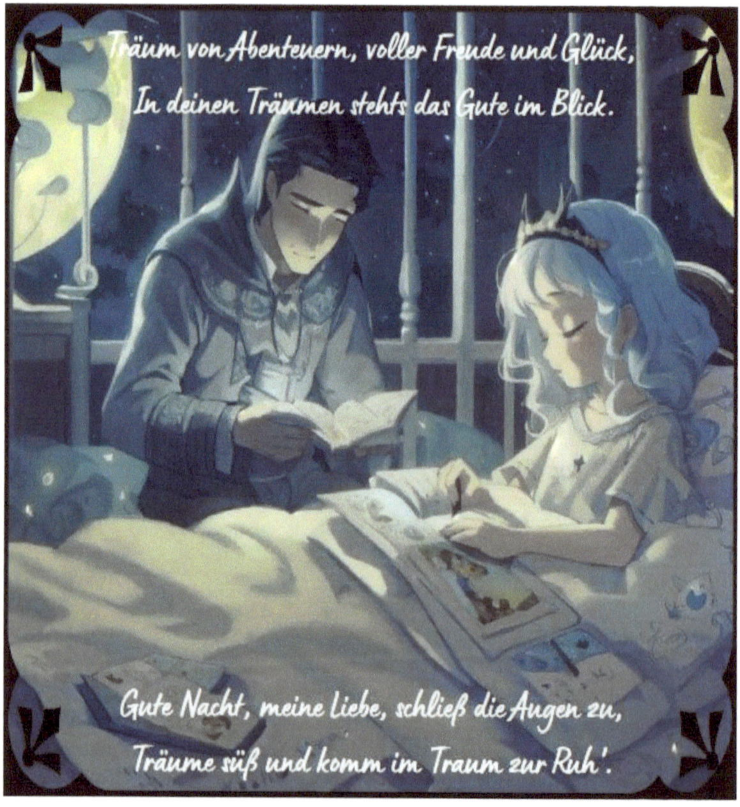

Träum von Abenteuern, voller Freude und Glück,
In deinen Träumen stehts das Gute im Blick.
Gute Nacht, meine Liebe, schließ die Augen zu,
Träume süß und komm im Traum zur Ruh'.